글쓴이 스티브 파커 Steve Parker

영국의 자유기고가이자 런던 동물학회의 회원으로 과학 분야 전문가이다. 대학에서 동물학을 전공하였고, 과학, 자연, 건강 등에 관해 200여 권의 책을 쓰고 편집하였다. 런던 자연사박물관에서 일했으며,《아동 학습 브리태니커 백과사전》의 과학 분야를 담당하여 글을 쓰기도 하였다. 영국의 BBC 방송에서 생활과학, 건강, 의학 등의 주제를 쉽고 재미있게 소개하여 많은 사람으로부터 사랑을 받았다.
또한 BBC 방송과 영국의 자연 및 사적 보호 단체인 내셔널 트러스트에서 공동 추천한 〈자연 다큐멘터리〉 방송 시리즈물의 기획을 맡기도 하였다.
저서로《뇌 속의 놀라운 비밀》《동물 속을 알고 싶다》《왜 그럴까요》《말해 주세요》《건물에도 뿌리가 있나요?》《엉뚱하고 우습고 황당하고 짜릿한 과학 이야기》《인체》《거꾸로 생각하는 엉뚱한 과학 이야기》《인체 지도》등이 있다.

옮긴이 햇살과나무꾼

햇살과나무꾼은 어린이책을 사랑하는 사람들이 모여 만든 곳으로 세계 곳곳의 좋은 작품들을 소개하고 어린이의 정신에 지식의 씨앗을 뿌리는 책을 집필한다.
《봄·여름·가을·겨울 생태 놀이터》시리즈,《시튼 동물기》등을 옮기고
《신기한 동물에게 배우는 생태계》《놀라운 생태계, 거꾸로 살아가는 동물들》등을 썼다.

독수리의 일기

검독수리가 들려주는 하늘 이야기

스티브 파커 글 | 피터 데이비드 스콧 그림 | 햇살과나무꾼 옮김

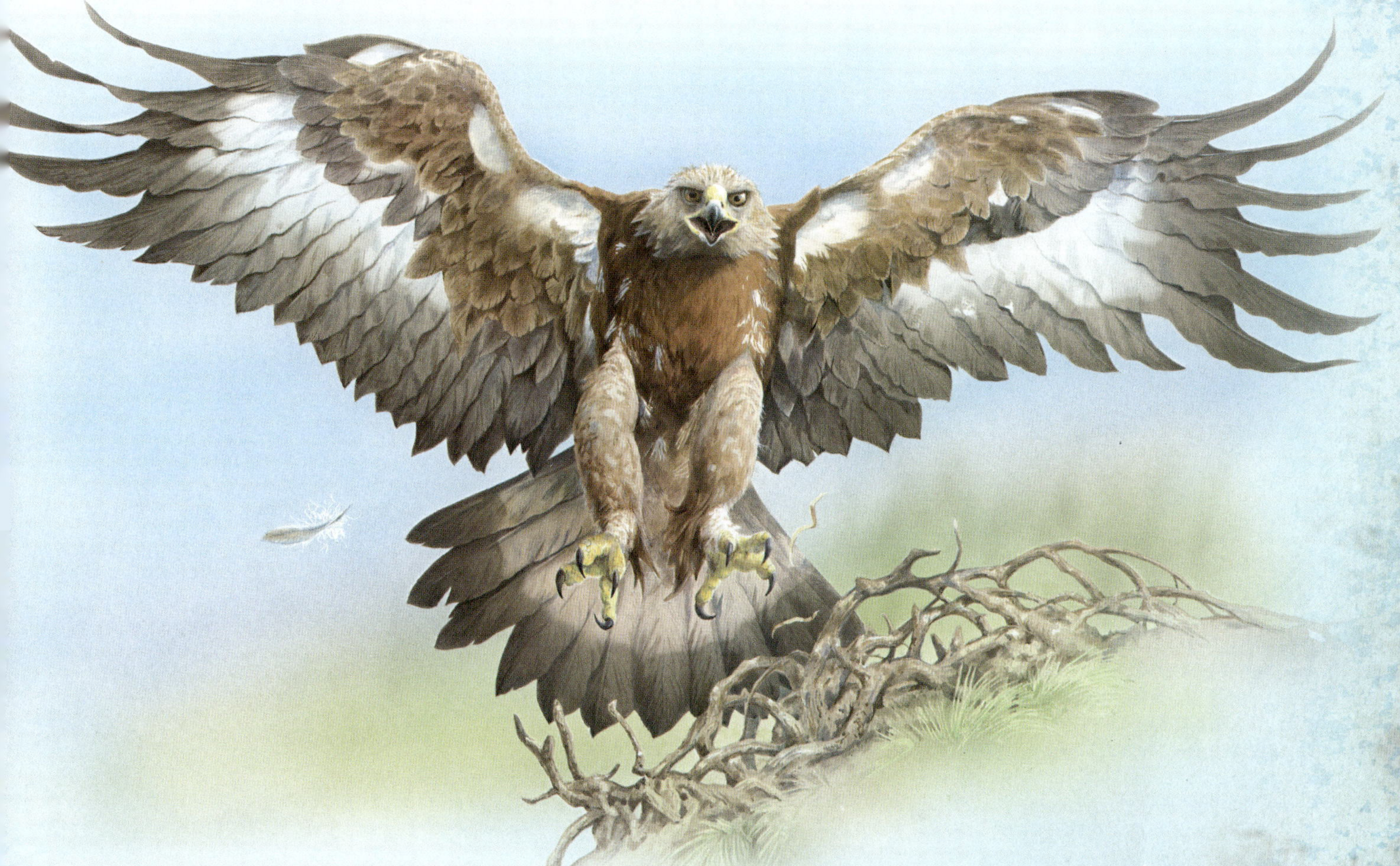

한울림어린이

글쓴이 스티브 파커 Steve Parker

영국의 자유기고가이자 런던 동물학회의 회원으로 과학 분야 전문가이다. 대학에서 동물학을 전공하였고, 과학, 자연, 건강 등에 관해 200여 권의 책을 쓰고 편집하였다. 런던 자연사박물관에서 일했으며, 《아동 학습 브리태니커 백과사전》의 과학 분야를 담당하여 글을 쓰기도 하였다. 영국의 BBC 방송에서 생활과학, 건강, 의학 등의 주제를 쉽고 재미있게 소개하여 많은 사람으로부터 사랑을 받았다.
또한 BBC 방송과 영국의 자연 및 사적 보호 단체인 내셔널 트러스트에서 공동 추천한 〈자연 다큐멘터리〉 방송 시리즈물의 기획을 맡기도 하였다.
저서로 《뇌 속의 놀라운 비밀》《동물 속을 알고 싶다》《왜 그럴까요》《말해 주세요》《건물에도 뿌리가 있나요?》《엉뚱하고 우습고 황당하고 짜릿한 과학 이야기》《인체》《거꾸로 생각하는 엉뚱한 과학 이야기》《인체 지도》 등이 있다.

옮긴이 햇살과나무꾼

햇살과나무꾼은 어린이책을 사랑하는 사람들이 모여 만든 곳으로 세계 곳곳의 좋은 작품들을 소개하고 어린이의 정신에 지식의 씨앗을 뿌리는 책을 집필한다.
《봄·여름·가을·겨울 생태 놀이터》 시리즈, 《시튼 동물기》 등을 옮기고 《신기한 동물에게 배우는 생태계》《놀라운 생태계, 거꾸로 살아가는 동물들》 등을 썼다.

차례

우리 집이 최고!	4
먹고 또 먹고	6
사냥 기술	8
동생의 죽음	10
아찔한 순간	12
비행 연습	14
더 높이, 더 멀리!	16
토끼 사냥	18
흰머리수리를 만나다	20
겨울나기	22
짝을 만나다	24
새로운 영역	26
생명의 탄생	28
이웃들의 한마디	30
낱말풀이	31
찾아보기	31

나의 위풍당당한 옆모습을 감상하도록!

우리집이 최고!

오늘 나는 두 번째 해돋이를 보았다.
그러니까 내가 태어난 지 이틀째라는 뜻이다!
여섯 주 동안 축축한 알 속에 있다가 나왔는데,
이제 내 솜털도 보송보송하게 말랐다.
나는 매일 나의 앙증맞은 날개와 다리를
조심조심 움직여 보고 있다. 영차, 영차.

엄마가 꽁지깃을
펴고 내려앉는다.

남동생이 알을 깨고
나오려고 한다.

검독수리

분류 조류 매목 수리과

몸길이 약 1미터

날개길이 약 60센티미터

몸무게 암컷 약 6킬로그램, 수컷 약 4킬로그램

사는 곳 산, 언덕, 벌판, 평야, 숲

먹이 몸집이 크지 않은 포유동물, 새, 개구리.
이따금 물고기나 뱀도 먹는다.

특징 눈이 크고 시력이 뛰어나다. 구부러진 부리
와 강한 갈고리발톱이 있다.

4

엄마가 날개를 펴고 나는 모습을 보았다.
엄마는 검독수리가 새 중에서 가장 고귀한
새라고 했다. 우리는 새들의 왕이다.
엄마가 여왕, 아빠가 왕이니까 나는 공주다!

황새는 굴뚝 위에 둥지를 짓기도 한다!

아직 고단하다.
알을 깨고 나오는 데
꼬박 이틀이나
걸렸으니까!

독수리는 바위산이나 절벽, 나무 꼭대기 같은
높은 곳에 둥지를 짓는다. 그런데 생각 없이
아주 이상한 곳에 둥지를 트는 새도 있다.
심지어 강물 위를 떠다니는 새 둥지도 있다.

먹고 또 먹고

일기를 쓴 지 일주일이 지났다. 이제야 동생이 귀엽다.
처음에는 동생이 나를 막 떠밀고 부리로 쪼았다.
하지만 지금은 내가 더 커져서
동생보다 더 세게 쪼고 할퀼 수 있다.

목소리가 크면
더 많이 먹는다!

엄마나 아빠가 먹이를 구해 오면 우리는
부리를 쩍 벌리고 조그만 날개를 파닥거리며
먹이를 달라고 빽빽 소리친다.
내가 자라서 힘센 공주가 되면 작은 새들이
나한테 살려 달라고 아우성치겠지!

오늘 메뉴는 마멋이다.
마멋은 부드럽고 촉촉하다.
나는 비둘기, 기러기, 도마뱀도 좋아한다.
나는 공주라서 최고급 요리가 입에 맞는다.

노란배마멋

분류 포유류 쥐목 다람쥐과
몸길이 45센티미터
몸무게 최대 5킬로그램
사는 곳 산, 고지대 목초지, 초원, 숲 가장자리
먹이 풀, 꽃, 싹, 씨앗, 뿌리, 곤충, 지렁이, 새알
특징 길고 날카로운 앞니로 뭐든지 갉아 댄다. 털이 북슬북슬하고, 튼튼한 발톱으로 굴을 파서 겨울잠을 잔다.

이번 주 메뉴

산쑥들꿩은 살이 많다.

아메리카우는토끼는 부드러운 간식!

산솜꼬리토끼는 뼈가 많다.

사향쥐는 냄새가 지독하고 흙 맛이 난다.

사냥 기술

어제 동생이랑 나는 엄마가 공중에서 먹이를 잡는 근사한 광경을 보았다. 엄마는 저 아래에서 날아가는 청둥오리를 보더니, 머리를 숙이고 날개를 둥글게 구부려 쏜살같이 아래로 돌진했다.

1. 엄마가 습격할 준비를 하고 있다.

청둥오리가 빠르게 날갯짓을 하며 날아간다.

2. 날개를 둥글게 구부려 더욱 속도를 낸다.

청둥오리가 다급하게 도망가지만 느리다.

엄마는 청둥오리가 못 보게 뒤에서 덮쳤다. 발을 쭉 뻗고 갈고리발톱을 착 벌려서……

동생의 죽음

내가 태어난 지 한 달째. 나는 지금 몹시 슬프다. 밤사이 남동생이 사라졌기 때문이다. 아마 동생이 죽어서 엄마 아빠가 둥지 밖으로 치운 것 같다. 가끔씩 동생을 괴롭히기는 했지만, 그래도 한 둥지에서 자라던 남매였는데. 동생이 무척 보고 싶을 거다.

아빠처럼 다리에 깃털이 났으면!

아빠는 동생이 너무 작고 약해서 죽었다고 했다. 검독수리 둥지에서는 한 새끼만 살아남는 경우가 많다고 한다. 우리 집에서는 내가 운 좋게 살아남은 거다.

갈고리발톱이
점점 커지고
날카로워진다.

요즘 내 몸에서
보드라운 아기 솜깃털이 빠지고
갈색 어른 깃털이 나고 있다.
그래서 깃털을 손질하는 연습을 하고 있다.
위풍당당한 내 모습!

동생이 없으면 내가
더 많이 먹을 수 있다!

12 독수리 교과서: 청결과 위생

깃털을 잘 펴고 그 사이로 부리와 갈고리발톱이 피부까지 닿도록 깊이 넣는다.

깃털 손질의 첫걸음

깃털 손질은 깃털을 청소하고, 가지런히 고르고, 정돈하는 것을 말한다. 새라면 반드시 익혀야 하는 중요한 기술로, 깃털을 손질하면 먼지도 털고, 벼룩과 진드기 같은 해충도 없앨 수 있다. 또 깃털 표면을 빈틈없이 매끄럽게 다듬어야 안전하게 날 수 있다.

명심하자. 날마다 아침에 일어나서, 밥 먹고 나서, 잠들기 전에 깃털을 손질할 것!

퓨마

분류 포유류 식육목 고양이과
몸길이 1~2미터
몸무게 최대 100킬로그램
사는 곳 눈 덮인 산, 바위산, 숲, 늪, 농경지, 건조한 덤불숲,
먹이 개구리나 쥐부터 물고기, 새, 호저, 사슴까지 다양한 동물
특징 앞니가 길고 날카롭다. 눈과 귀가 발달되었고 반응 속도가 빠르다. 발톱이 날카롭다.

아찔한 순간

오늘 정말 큰일 날 뻔했다.
둥지에서 꾸벅꾸벅 졸고 있는데,
뭔가 부스럭거리고 박박 긁는 소리가 들렸다.
그럴 때는 둥지 속에 바싹 웅크리고 있어야 한다.
하지만 나는 너무 궁금해서 살짝 밖을 내다보았다!

내가 빽빽거려서 퓨마가 화들짝 놀랐다!

꺄악꺄악! 퓨마다! 퓨마가 점심거리를
찾으러 바위를 기어오른 것이다.
바로 나를 잡아먹으려고!
나는 날개를 치며 빽빽 소리쳤다.
다행히 퓨마는 바위에 오래 매달려 있지
못했다.

이런! 엄마 아빠 말대로
둥지 속에 숨어 있을걸.

날개뼈는 여기까지만 있다.

깃털이 서로 겹쳐 있어서 공기가 빠져나갈 틈이 없다.

속도를 늦출 때는 꽁지깃을 편다.

비행 연습

정말 멋진 날이다!
오늘 처음으로 비행 연습을 했는데, 잘 됐다.
둥지 가장자리에서 조심스레 날개를 퍼덕여 보았다.
날개깃을 활짝 펴니 불어오는 바람이 느껴졌다.
짜릿하다!

날기 전에 확인할 것

* 날개를 살짝 펼쳐 바람을 점검한다.
* 나뭇가지나 뾰족한 바위, 높은 철탑, 기다란 철선이 없는지 주위를 살핀다.
* 갈고리발톱을 떼는 순간 날개를 힘껏 퍼덕여 단숨에 높이 올라간다.

그런데 깃털에 연결된 근육을 움직이는 것이 어렵다.
깃털을 여러 방향으로 돌리려면 근육을 움직여야 한다.

후유, 위험했다. 갑자기 거센 바람이 불어서 날려갈 뻔했다. 하지만 머지 않아 나의 왕국 위로 높이 솟아올라 마음껏 날 수 있게 될 거다!

깃털을 움직여 방향을 바꾼다.

둥지 가장자리에서 연습했다.

22 독수리 교과서: 비행의 기초

너 자신의 깃털을 알라

독수리에게는 여러 종류의 깃털이 있다. 색깔이 있는 바깥쪽 겉깃털은 몸을 보호하고, 따뜻하게 하고, 매끄러운 유선형으로 만들어 준다. 겉깃털 아래 있는 보드라운 솜깃털은 몸을 더욱 따뜻하게 해 준다. 날개 깃털에는 첫째날개깃과 둘째날개깃, 두 종류가 있다.

첫째날개깃으로 공기를 가르며 나아간다.

몸 깃털은 납작하게 누워 있다.

둘째날개깃으로 뜨는 힘을 받는다.

더 높이, 더 멀리!

오늘은 아주 높이 날아올라 넓은 지역을 내려다보며
어디에 먹이가 있고 어디가 위험한지 살펴보았다.
골짜기 아래를 내려다보니 사슴 무리가 보였다.
그렇게 푸짐한 먹이는 처음이었다!
나는 사슴 무리를 쫓아가면서
아프거나 다친 사슴이 없는지 살펴봤다.

쉽게 잡을 수 있는 먹이
* 어리거나 늙거나 병든 동물
* 무리에서 뒤처지는 동물
* 굼뜨거나 비틀거리거나 다리를 저는 동물

내 눈은 뇌보다 더 크다.

요즘은 몸과 날개가 바람에 흔들려도
머리를 똑바로 고정시키는 법을 연습하고 있다.
그렇게 해야 목표물을 놓치지 않고 계속 볼 수 있다.
나는 다리를 다친 어린 사슴을 목표물로 잡았다.

내 눈은 상처 입은 어린 사슴을 크게 보여 준다.

'독수리눈'이란 말이 괜히 있는 게 아니다! 우리의 눈 한가운데에는 사물을 확대시켜 볼 수 있는 부분이 있다. 덕분에 1.5킬로미터 거리에 있는 생쥐도 볼 수 있으니, 사슴은 말할 것도 없다.

수사슴은 아직 내가 잡기에 너무 크고 힘이 세다.

흰꼬리사슴

분류 포유류 소목 사슴과

몸길이 최대 2.1미터

몸무게 최대 150킬로그램

사는 곳 주로 나무가 많은 숲 속에 살지만 바위산이나 건조한 덤불숲에도 산다.

먹이 풀, 선인장, 이끼, 버섯, 나무껍질에 이르는 다양한 식물

특징 눈과 귀가 발달되어 있고, 다리가 길며, 배가 흰색이다. 수컷은 큰 뿔이 있다.

토끼 사냥

어제 사슴 사냥은 끝이 좋지 않았다. 사슴 떼가
울창한 숲 속으로 들어가는 바람에 볼 수 없게 되었다.
그래서 오늘 나는 다시 날아올랐다.
하지만 늑대 무리가 먹이를 찾아 어슬렁거리고 있길래
아주 조심스럽게 날았다.

늑대들은 이따금
내가 잡은 먹이를 가로챈다.

눈덧신토끼

분류 포유류 토끼목 토끼과
몸길이 약 50센티미터
몸무게 약 1.5킬로그램
사는 곳 나무가 듬성듬성한 숲, 초원, 농경지, 늪
먹이 이끼, 새싹, 잎, 씨앗, 잔가지, 나무껍질 등
특징 앞니가 길고 날카로우며 뒷다리가 발달되어
있다. 갈색 털은 겨울에 흰색으로 변한다.

거의 온종일 날아다니고 나서야
바위 비탈에서 풀을 뜯는
눈덧신토끼를 발견했다. 좋았어!
나는 쏜살같이 내려갔다. 늑대 무리도
눈덧신토끼를 쫓고 있다. 서둘러야 해!

나는 엄마처럼 날개를 구부리고 빠르게 날아 내려가 갈고리발톱을 쫙 폈다. 곧바로 토끼를 콱 찔러 움켜쥐고는 힘차게 날개를 퍼덕이며 날아갔다. 늑대 무리는 바로 뒤에 있었지만 하늘의 공주를 쫓아올 수는 없었다!

36 독수리 교과서: 갈고리발톱 사용법

갈고리발톱의 힘

부리와 갈고리발톱은 중요한 사냥 무기이다. 갈고리발톱은 앉고, 깃털을 손질하고, 먹이를 붙잡고 뜯어먹을 때도 꼭 필요하다. 갈고리발톱을 잘 관리할 것!

	쥐는 힘	유연성	촉각
독수리 발톱	9/10	2/10	5/10
사람 손	4/10	8/10	9/10

내 날개가 토끼의 무게를 견뎌 냈다.

눈덧신토끼는 발이 하얘서 눈에 확 띈다.

흰머리수리를 만나다

오늘 아침에 나는 야생 염소를 잡아서
조용히 살을 찢어 꿀꺽꿀꺽 삼키고 있었다.
그런데 문득 고개를 들어 보니
흰머리수리가 있었다. 같은 독수리지만,
흰머리수리는 나 같은 왕족은 아니다.

흰머리수리

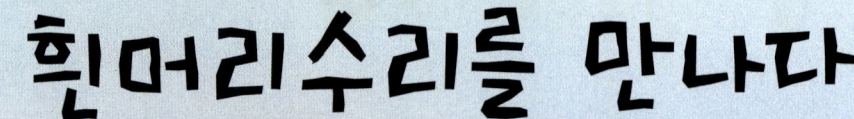

분류 조류 매목 수리과
몸길이 약 1미터
날개길이 약 2미터
몸무게 암컷 약 6킬로그램, 수컷 약 4킬로그램
사는 곳 강, 호수, 늪, 바닷가
먹이 몸집이 크지 않은 동물. 주로 물고기와 물새
특징 머리와 목이 희고, 구부러진 노란 부리가 있다.

꺼칠꺼칠한 발가락으로 미끄러운 물고기를 움켜쥔다.

흰머리수리를 대머리수리라고
부르기도 하는데, 왜 그러는지 모르겠다.
시력이 나만큼 좋지 않은 동물들한테는
하얀 깃털이 대머리로 보이나 보다.

우리는 잠시 이야기를 나누며 서로 무엇을 잡아먹는지 비교해 보았다. 흰머리수리는 물고기를 가장 좋아한다. 나도 가끔 물고기를 먹기는 하는데, 잔뼈를 삼키기가 거북하다. 흰머리수리는 물속의 거북이도 잡아먹는다.

흰머리수리 vs 검독수리

흰머리수리
* 호수나 큰 강, 바닷가 같은 탁 트인 물가를 좋아한다.
* 물고기, 갈매기, 게 같은 물가에 사는 동물을 주로 잡아먹는다.
* 가끔 다른 새의 먹이를 뺏어 먹는다. 우리 검독수리들의 먹이도!

검독수리
* 나무가 띄엄띄엄 자라고 풀, 바위, 덤불이 있는 건조한 곳을 좋아한다.
* 주로 포유류와 새를 먹고 물고기는 거의 먹지 않는다.
* 보통 직접 사냥을 하지만 죽은 동물도 먹는다.

날개를 퍼덕이면서 당기면 더 세게 찢을 수 있다.

갈고리 같은 부리로 염소 살을 찢는다. 냠냠!

염소는 무거우니까 여기서 먹는다.

겨울나기

나는 힘들게 첫 겨울을 나고 있다. 늘 잡아먹던
많은 동물들이 굴을 파고 들어가거나
숲 속으로 숨어 버렸다. 그런데 어제, 바위산 위를
날아가는데 눈 쌓인 빈터에 이상한 것이 보였다.
얼른 내려가서 살펴보니 그것은……

울버린의 이빨은
뼈도 씹을 수 있다.
대단해!

빽빽 소리쳤지만
별 수 없었다.

……죽은 큰뿔양이었다. 이게 웬 떡!
나는 근처에 내려앉아 주위를 살폈다.
덤불에서 울버린이 나타났지만,
내가 날개를 퍼덕이며 소리치자 다가오지 않았다.
울버린은 내가 먹고 남은 것을 먹으면 된다.

회색곰이 나타나
물러나고 말았다.

회색곰이 냄새를 맡고 큰뿔양을 찾아왔다.

큰뿔양은 미끄러져서 떨어져 죽었다.

망했다! 회색곰이 어슬렁어슬렁 나타난 것이다. 회색곰은 땅이 울릴 정도로 으르렁거렸다. 나는 거의 모든 동물을 쫓아 버릴 수 있지만, 회색곰한테는 겁을 주지 못했다. 결국 큰뿔양도 먹지 못하고 포기했다. 난 다시 날아올라 먹이를 찾아야 했다.

회색곰

분류 포유류 식육목 곰과
몸길이 2~2.6미터
몸무게 최대 500킬로그램
사는 곳 숲과 산
먹이 물고기부터 덩치 큰 사슴 등 다양한 동물. 과일, 견과류, 열매를 비롯한 여러 가지 식물
특징 덩치가 크고, 앞발이 크며, 긴 발톱이 있다. 청각과 후각이 발달되어 있으며 털끝이 회색이라서 털 빛깔이 바랜 것처럼 보인다.

짝을 만나다

일기를 쓴 지도 어언 3년!
나는 두 살 무렵 엄마 아빠를 떠났다.
그때부터 내가 살고 사냥하고 쉴 수 있는 영역을 찾기까지
2년이 걸렸다. 그리고 오늘 드디어 내 짝을 찾았다.

튼튼한 날개에 깃털이
빽빽이 나 있다.

갈고리발톱이 흠이나
상처가 없이 미끈하다.

최고의 짝 고르기
– 무엇을 보아야 하나

1. 깃털이 잘 손질되어 있는가.
2. 날갯짓이 부드럽고 힘찬가.
3. 걷거나 폴짝폴짝 뛸 때 균형을 잘 잡는가.
4. 눈빛이 맑고 밝은가.
5. 갈고리발톱으로 움켜쥐는 힘이 강한가.
6. 잘 먹는가.
7. 위험을 알릴 수 있도록 목소리가 큰가.

낯선 검독수리가 내 영역을 몇 번 지나다녔는데,
아주 높은 곳에서 지나다녀서 별로 신경 쓰지 않았다.
그런데 다음번에는 조금 더 낮게 날았고,
그 다음번에는 더욱 낮게 날았다.
그 검독수리는 수컷이었다.
지금은 봄이니 짝짓기를 해야 한다.
그래서 우리는 서로 관심을 보였다.

독수리 교과서: 짝 구하기

검독수리 부부는 대개 한쪽이 죽을 때까지 평생을 같이 산다.

멋진 모습 보이기

짝짓기 상대에게 자신이 건강하고 튼튼하며 좋은 부모가 되어 건강한 새끼들을 기를 수 있는 독수리임을 보여 준다.
물론 상대가 좋은 짝인지도 보아야 한다. 아래와 같은 방법을 써 보라.

롤러코스터: 최대한 빠른 속도로 오르락내리락 날아다닌다.

선물 떨어뜨리기: 땅으로 내려가서 돌멩이나 나뭇가지, 자갈을 주워 하늘 높이 올라가 떨어뜨린 다음, 재빨리 날아가 공중에서 선물을 받는다. 최대 다섯 번 되풀이한다.

갈고리발톱 걸고 떨어지기: 서로 발을 맞잡고 빙글빙글 돌며 떨어진다.

저 검독수리 잘 생겼는걸!

나도 가지런한 날개깃을 펼쳐 보였다.

수컷 검독수리가 내 쪽으로 날아왔다. 나도 그쪽으로 날아갔다. 우리는 갈고리발톱을 마주 걸고 아래위로 날아다니며 삐익삐익, 까악까악 소리쳤다. 그렇게 서로 장난을 치며 선물도 주고받았다. 정말 즐거웠다. 우리는 바위산의 새로운 왕이 되기로 했다.

새로운 영역

이제 부부가 되었으니 둘이 함께 사냥할 수 있는 더 넓은 영역이 필요하다. 우리는 힘을 합쳐 근처에 사는 독수리들을 쫓아냈다. 이제 둘이 살기에 충분한 영역이 생겼다.

절벽의 바위 턱은 둥지를 틀기에 좋다.

이 숲에서 출발했다.

회색곰 조심!

오늘 나는 영역을 돌아보며 둥지를 틀 만한 곳을 찾아다녔다. 산 위로 너무 높이 올라가면 춥고 바람이 거세서 안 된다. 비바람을 막아 주는 절벽의 바위 턱이나 키 큰 나무의 꼭대기가 가장 좋다.

긴 날개 때문에 나무 사이로 날기 힘들어서 숲 위로 날았다.

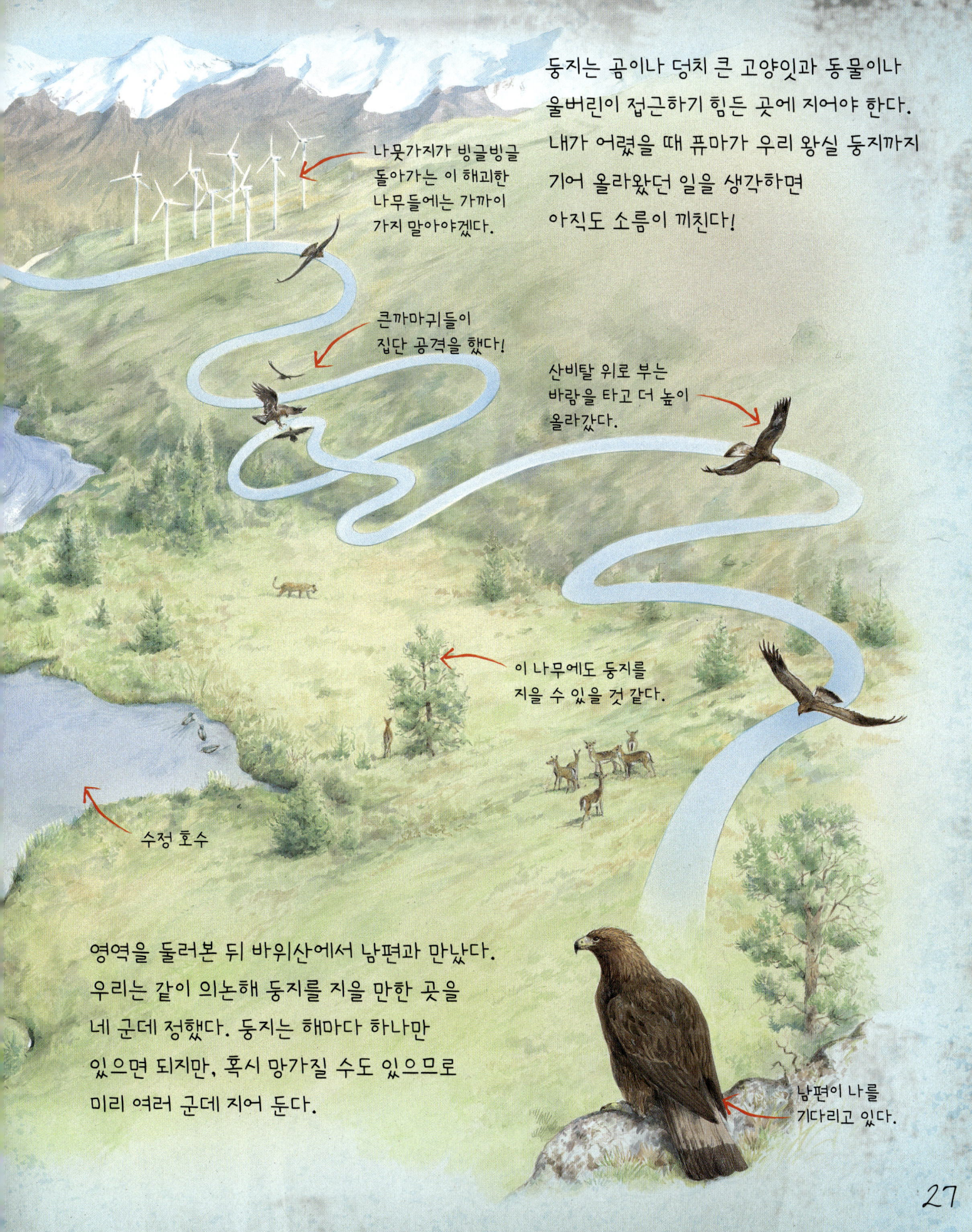

생명의 탄생

오늘은 왕실의 아주 중요한 날이다!
우리의 첫 새끼들이 알을 깨고 나왔다.
우리 공주랑 왕자가 너무 자랑스럽다.
하지만 이제부터 바빠진다. 남편과 나는
온종일 새끼들의 먹이를 찾아야 한다.

남편이 새끼에게
먹일 산토끼를
잡아오고 있다.

검독수리 새끼들 알에서 나오다

첫 새끼가 둘째가 나오기를 기다리고 있다.

수정 호숫가 큰나무에 사는 검독수리 부부의 두 마리 새끼가 알에서 나왔다. 새끼들과 부모 모두 건강하다. 덕분에 검독수리 부부는 앞으로 한동안 부지런히 움직이며 더 많은 먹이를 사냥해야 할 것이다. 이제 모든 토끼, 생쥐, 밭쥐, 마멋뿐 아니라 참새부터 백조에 이르는 여러 새들은 특별히 조심하기 바란다. '온라인 독수리 경보'에 가입해 검독수리 부부가 언제 자기 구역을 지나가는지 확인하라. 그리고 이 독수리 경계 비법을 잊지 말라. '한쪽 눈은 늘 하늘로!'

이웃들의 한마디

나는 내 일기에 내가 만난 모든 동물들에 대해 적어 놓았다.
그런데 그 동물들은 나를 어떻게 생각할까?

회색곰

" 검독수리가 아무리 쉭쉭거리고 꺅꺅거려도 나랑 퓨마는 겁먹지 않아. 사실 난 어떤 동물도 무섭지 않아. 내가 바로 진정한 산중의 왕이니까! "

흰꼬리사슴

" 독수리는 늙은 사슴이나 아픈 사슴을 잡아먹어. 솔직히 그래도 돼. 그런 사슴들 때문에 무리 전체의 속도가 느려지니까. 현실이 그러니 어쩔 수 없어. "

마멋

" 못된 독수리는 어디선가 갑자기 나타나 우리를 덮치지. 독수리는 우리의 가장 큰 적이야. 소리 없이 달려드는 퓨마도 그렇고. 울버린도 그래. 회색곰이랑 또……. "

흰머리수리

" 왕족이라고 거들먹거리지만 않는다면 검독수리들을 좀 더 좋게 봐 줄 텐데. 사실 힘과 권력을 상징하는 위대한 새는 바로 나잖아. "

퓨마

" 그 도도한 검독수리를 새끼 때 잡아먹을 뻔 했는데, 앞발 사이로 아슬아슬하게 빠져 나갔지. 고것이 이제 자기 새끼를 낳았다니, 몸이 근질거리는걸! "

낱말풀이

조류 독수리나 비둘기처럼 몸이 깃털로 덮여 있는 동물. 날개와 두 다리가 있다.

청둥오리 야생 오리 중 가장 흔한 종으로 강이나 저수지, 논밭에 산다. 유럽, 아시아, 아프리카 및 북아메리카 북부에 걸쳐 번식하며, 남아프리카, 인도, 멕시코 등지에서 겨울을 난다.

큰뿔양 북아메리카에 사는 야생 양. 길고 굽은 뿔이 있다.

겉깃털 새의 몸에 납작하게 누워 있는 바깥쪽 깃털로, 몸을 매끈한 유선형으로 만들어 공기를 가르고 날 수 있게 한다.

집단 공격 몸집이 더 큰 포식자를 쫓아내기 위해 무리를 지어 시끄럽게 울어 대며 공격하는 척하는 것.

둥지 새의 집. 쉬거나 잠을 자고 새끼를 기르는 장소.

갈고리발톱 고기를 먹는 새의 발에 있는 것 같은 강하고 날카롭고 구부러진 발톱.

영역 동물이 살고, 먹고, 새끼를 기르는 곳. 같은 종의 동물이 자기 영역 안에 들어오지 못하게 한다.

울버린 힘이 세고 사나운 족제빗과 동물로, 자기보다 몇 배나 덩치가 큰 사슴 같은 동물도 사냥한다. 주로 캐나다나 시베리아, 스칸디나비아 반도 등에 산다.

포유류 털이 있고, 몸속에 척추가 있으며, 새끼를 낳고 젖을 먹여 키우는 동물

찾아보기

갈고리발톱 4, 8-9, 11, 14, 19, 24-25, 31
검독수리 4-5, 21, 24-25, 28
겉깃털 15, 31
깃털 11, 14, 15, 24
깃털 손질 11, 19
꽁지깃 4, 14
날개 4, 6, 8-9, 14-15, 16, 19, 21, 24, 26, 31
날개폭 4, 20
눈 4, 16-17, 24
눈덧신토끼 18-19, 31
늑대 13, 18-19
둘째날개깃 15
둥지 5, 26-27, 31
똥 29
마멋 7, 29, 30
먹이 4, 6-7, 9, 20-21
몸무게 4, 20
벼룩과 진드기 11
비행 14-15

사슴 16-17, 18, 30
사향쥐 7
산솜꼬리토끼 7
산쑥들꿩 7
솜깃털 11, 15
스라소니 13
아메리카우는토끼 7
알 4
영역 24, 26-27, 31
울버린 13, 22, 27
유선형 15
조류 4, 20
집단 공격 27, 31
짝 24-25
첫째날개깃 15
청둥오리 8-9
코요테 13
큰뿔양 22, 31
토끼 18-19, 28, 31
퓨마 12-13, 30
회색곰 23, 26, 30
흰머리수리 20-21, 30

"토끼들은 언제 어디서나 독수리를 조심해야 해. 우린 독수리를 '날개 달린 사냥꾼'이라고 불러. 왜냐하면 독수리는 날개가 있고, 우리를 사냥하니까. 그렇게 부를 수밖에."

눈덧신토끼

Animal Diaries : Eagle
by Steve Parker, Peter David Scott
Copyright © QED Publishing 2012
Korean translation copyright © Hanulimkids Publishing co., 2014
This Korean edition is published by arrangement with QED Publishing,
a member of the Quarto Group through Bookmaru Korea literary agency in Seoul.
All rights reserved.

이 책의 한국어판 저작권은 북마루코리아를 통한
QED Publishing, a Quarto Group Company와의 독점계약으로
한울림어린이가 소유합니다. 신저작권법에 의하여 한국 내에서
보호를 받는 저작물이므로 무단 전재와 복제를 금합니다.

독수리의 일기
검독수리가 들려주는 하늘 이야기

글쓴이 | 스티브 파커   그린이 | 피터 데이비드 스콧·아트 에이전시   옮긴이 | 햇살과나무꾼
펴낸이 | 곽미순   기획·편집 | 이은영   디자인 | 이정화

펴낸곳 | 한울림어린이   편집 | 이은영 윤도경
디자인 | 김민서 이정화   마케팅 | 이정욱 김가연   관리 | 강지연
등록 | 2004년 4월 12일(제318-2004-000032호)
주소 | 서울시 영등포구 당산로54길 11 래미안당산1차A 상가
대표전화 | 02-2635-1400   팩스 | 02-2635-1415
홈페이지 | www.inbumo.com   블로그 | blog.naver.com/hanulimkids

첫판 1쇄 펴낸날 2014년 12월 15일
ISBN 978-89-98465-33-9 74490

이 도서의 국립중앙도서관 출판시도서목록(CIP)은 서지정보유통지원시스템 홈페이지(http://seoji.nl.go.kr)와
국가자료공동목록시스템(http://www.nl.go.kr/kolisnet)에서 이용하실 수 있습니다.(CIP제어번호: CIP2014023171)
*잘못된 책은 바꿔드립니다.